Pesto – das authentische Pesto – ist leicht zuzubereiten, außerdem gesund und schmeckt ganz einfach herrlich! Man glaubt oft, es handelt sich dabei nur um eine Paste auf der Basis von Basilikum, Knoblauch, Pinienkernen und Olivenöl – den traditionellen Zutaten des Pesto Genovese. Aber jede Zubereitung, in der man verschiedene Zutaten zerdrückt oder zerreibt und zu einer frischen, nährstoffreichen, cremigen Paste vermischt, kann Pesto genannt werden.

Ich mag die Idee, dass Pesto genauso sein kann, wie wir es lieben: Eine Kombination aus vorhandenen Zutaten, ergänzt mit solchen unserer Wahl.

Dieses Buch ist eine Sammlung meiner Ideen, aber die Rezepte sind dafür gemacht, ganz nach Ihrem Gusto weiterentwickelt zu werden, ganz nach Ihrer Inspiration und vor allem nach dem, was Sie gerade in der Küche vorrätig haben, wenn Sie Ihr Pesto zubereiten. Ihrer Ideenvielfalt ist dabei keine Grenze gesetzt,

PESTO!
raffiniert & frisch

VON JOSHUA CLEVER

FOTOS: MARIE-PIERRE MOREL

basics

WIE MAN PESTO ZUBEREITET
Die Rezepte in diesem Buch eignen sich für beide Methoden.

DIE TRADITIONELLE METHODE
Diese Methode erfordert etwas Zeit und einen Mörser samt Stößel. Mit dem Stößel zerreibt oder zermalmt man die Zutaten im Mörser.

1. Für die Zubereitung eines traditionellen Pesto alla Genovese zerdrücken Sie mit einem Stößel vorsichtig 1–2 Knoblauchzehen und 1 Prise Meersalz in einem Mörser.

2. Fügen Sie die abgezupften Blätter von vier Bund Basilikum und ca. 20 g geröstete Pinienkerne hinzu und zerreiben Sie die Zutaten mit kreisförmigen Bewegungen. Gießen Sie dabei nach und nach natives Olivenöl (Olio extra vergine) zu, ca. 100 ml.

3. Anschließend geben Sie ca. 30 g frisch geriebenen Parmesan, erneut etwas Olivenöl und Meersalz dazu, bis eine dickcremige Paste entsteht.

DIE SCHNELLE METHODE*
1. Für eine schnellere Zubereitung des Pestos geben Sie die Nüsse (Walnüsse, Haselnüsse usw.) oder die Kerne (Pinienkerne usw.) in den Küchenmixer und mixen sie, bis sie fein zermahlen sind.

2. Fügen Sie die übrigen Zutaten sowie nach und nach so viel Olivenöl hinzu, bis die gewünschte Konsistenz erreicht ist.

Ich beginne mit den Nüssen und den Kernen, damit das Pesto cremiger wird. Wenn Sie ein gröberes Pesto vorziehen, ist die Reihenfolge egal.

HINWEIS
• Je nach hinzugefügter Ölmenge erhält man pro Rezept 250–375 ml Pesto.

• In den Rezepten schreibe ich lediglich Salz, weil meiner Meinung nach Salz Geschmackssache ist. Geben Sie anfangs ein klein wenig hinzu und steigern Sie die Menge Prise für Prise.

• In der Küche ist die Qualität der Zutaten von höchster Bedeutung. Die Italiener behaupten, dass Kochen auf dem Markt erfolgt. Kaufen Sie möglichst frische, lokale Bioprodukte. Diese Zutaten sind gesünder und vor allem aromatischer. Kräuter und Nüsse in meinen Rezepten sind austauschbar – nehmen Sie, was Sie gern mögen. Die Mengen für die Hauptzutaten sind relativ konstant: Fehlt Ihnen eine Nebenzutat, versuchen Sie es mit einem anderen Produkt. Vertrauen Sie Ihrem Instinkt und Geschmack!

KONSERVIERUNG
Das Pesto in ein gut ausgespültes und gut schließendes Gefäß füllen und mit einer dünnen Schicht Olivenöl bedecken. Im Kühlschrank hält es bis zu 2 Wochen. Zum Tiefkühlen das Pesto ohne den Käse zubereiten, mit einer dünnen Olivenölschicht in ein gut schließendes Gefäß geben und einfrieren. So hält es sich bis zu 6 Monate. Wenn das Pesto aufgetaut ist, den Käse hinzufügen.

KRÄUTER & NÜSSE

Basilikum

Dill

Estragon

Koriander

Rucola

Rosmarin

Thymian

Salbei

Minze

Sesamsamen

Pinienkerne

Kürbiskerne

Sonnenblumenkerne

Mandeln

Walnuss/Baumnuss

Paranüsse

Pekannuss

Pistazien

Haselnüsse

Cashewnüsse

Erdnüsse

1 JAPANISCHES PESTO MIT MISO

Miso ist eine traditionelle japanische Paste mit hohem Nährwert, die aus vergorenem Reis, Gerste und/oder Sojabohnen gewonnen wird. Miso ist sehr reich an Proteinen, Vitaminen und Spurenelementen. Je nach Art des verwendeten Misos sind Geschmack und Intensität des Pestos unterschiedlich. Für die Zubereitung nimmt man zunächst 1 EL Miso und fügt nach und nach je nach Geschmack mehr hinzu.

60 g **Mandeln**
30 g **Sesamsamen**
1 **Knoblauchzehe,** geschält
2 EL **Frühlingszwiebeln,** gehackt
1–4 EL **Miso**
100 g **Basilikumblättchen**
50 g **Petersilienblättchen** von glattblättriger Petersilie
180 ml **natives Olivenöl**
2 EL **Sesamöl**
1 EL **Zitronensaft**
rote Chilischote / Peperoncino, entkernt, nach Geschmack
Salz

2 PESTO MIT INGWER UND FRÜHLINGSZWIEBELN

Frischen Ingwer verwende ich sehr gern zum Kochen. Er verleiht den Gerichten einen charakteristischen Geschmack. Er wird vor allem in der südasiatischen sowie indischen Küche benutzt. Meiner Meinung nach passt er in jede Küche.

200 g **milde rote** oder **weiße Frühlingszwiebeln,** geröstet
80 g **Frühlingszwiebelgrün,** gehackt
4 EL **frischer Ingwer,** geschält und gehackt
60 g **Paranüsse**
4 EL **Zitronensaft**
120 ml **natives Olivenöl**
Agavendicksaft nach Geschmack
Cayennepfeffer
Salz

Frühlingszwiebeln: waschen und in Scheiben schneiden, mit dem Olivenöl mischen, mit Salz bestreuen und im Backofen bei 200 °C rösten, bis sie weich und karamellisiert sind. Der süße Geschmack der gerösteten Frühlingszwiebeln ergänzt den leicht pikanten Geschmack des frischen Ingwers vorzüglich.

3 PESTO MIT GERÖSTETER PAPRIKA UND PFEFFER

Geröstete rote Paprikaschoten gibt es bei uns in türkischen Lebensmittelläden oder in gut sortierten Supermärkten zu kaufen. Sie können sie aber auch wie unten beschrieben selbst zubereiten.

60 g **Pinienkerne,** geröstet
2 **Knoblauchzehen,** geschält
250 g **rote Paprikaschoten / Peperoni,** geröstet
¼–½ TL **Cayennepfeffer**
5 EL **natives Olivenöl**
Salz und **Pfeffer**
20 g **Ziegenfrischkäse** nach Geschmack

Geröstete Paprikaschoten / Peperoni: Paprikaschoten waschen, vierteln, Stielansatz entfernen und Schoten entkernen. Mit der Hautseite nach oben auf einem Blech im heißen Backofen so lange grillen, bis die Haut schwarze Blasen wirft. Anschließend die Paprika in einem Plastikbeutel 5–10 Minuten abkühlen lassen und häuten.

4 PESTO MIT ZITRONENTHYMIAN UND BROKKOLI

Das folgende Rezept ist ideal, um mehr Gemüse in Ihren Alltag zu bringen. Brokkoli passt hervorragend, aber Sie können auch Rosenkohl, Spargel oder jedes andere grüne Gemüse der Saison nehmen.

60 g **ganze Haselnüsse,** im Ofen geröstet, danach die Haut abgerieben
3 **Knoblauchzehen,** geschält
2 EL **Zitronenthymianblättchen**
220 g **Brokkoliröschen,** blanchiert und abgetropft
1 TL **Bio-Zitronenschale,** abgerieben
3 EL **Zitronensaft**
240 ml **natives Olivenöl**
20 g **Ricotta** nach Geschmack
1 **rote Chilischote / Peperoncino,** entkernt, nach Geschmack

5 PESTO MIT PETERSILIE UND SHIITAKEPILZEN

Shiitakepilze, ob frisch oder getrocknet, eignen sich hervorragend, um das Immunsystem zu aktivieren. Petersilie ist reich an Antioxidanzien. Beide Zutaten machen dieses Pesto zu einer wahren Energiequelle in der Winter- und Grippezeit.

30 g **getrocknete Shiitakepilze,** in Tamariwasser eingeweicht
3 EL **frischer Ingwer,** geschält und gehackt
1 EL **Schalotte,** gehackt
1 EL **Sesamsamen**
30 g **Walnüsse / Baumnüsse,** geröstet
100 g **Champignons,** in Scheiben geschnitten
2 TL **weißer Balsamico**
1 EL **Zitronensaft**
2 EL **Orangensaft**
240 ml **natives Olivenöl**
1 EL **Sesamöl**
100 g **glattblättrige Petersilie,** nur die Blättchen
Salz und **Pfeffer**

Einweichen: Die Shiitake mit 240 ml heißem Wasser bedecken, 1 TL Tamari (Sojasauce) dazugeben und 20 Minuten quellen lassen. Anschließend abseihen.

6 PESTO MIT SALBEI UND GERÖSTETEM KNOBLAUCH

Salbei ist ein wunderbares, oft jedoch unterschätztes Kraut, das meiner Meinung nach zu wenig verwendet wird. Es wirkt stark entzündungshemmend und ist wie Knoblauch ein natürliches Antibiotikum. Beide sind gegen Erkältungen und Grippe zu empfehlen, darüber hinaus vermag Knoblauch die Blutfette zu senken. Dies ist eines meiner Lieblingsrezepte: Es verbindet den erdigen Geschmack von Salbei mit dem süßen Aroma von geröstetem Knoblauch.

60 g **Cashewnüsse**
3 **Knoblauchknollen,** geröstet
240 ml **natives Olivenöl**
50 g **Salbeiblätter**
1 TL **Zitronensaft**
Salz
1 Prise **Cayennepfeffer**
Agavendicksaft nach Geschmack (falls der Knoblauch bitter ist)

Knoblauch rösten: Die Spitze der Knoblauchknolle abschneiden, damit die Zehen sichtbar werden. Knoblauch in eine ofenfeste Schale legen, mit Olivenöl begießen und im Backofen bei 200 °C rösten, bis der Knoblauch bräunlich und zart wird. Auf den Wurzelansatz der Knoblauchknollen drücken, um das Knoblauchfleisch herauszudrücken, oder mithilfe eines Messers aus der Haut lösen. Der Geschmack des Knoblauchs wird durch das Rösten milder und leicht süßlich.

7 PESTO MIT CASHEWNÜSSEN & KARDAMOM

Koriander hat einen ausgeprägten köstlichen Geschmack, den ich sehr schätze. Wer ihn nicht so gern mag, ersetzt das Kraut durch Basilikum oder Petersilie. In Verbindung mit Cashewnüssen und Kardamom nimmt Koriander einen salzig-süßlichen Geschmack an, der zu fast allen Gerichten passt.

60 g **Cashewnüsse**
2 **Knoblauchzehen,** geschält
100 g **Koriandergrün** (ohne Stängel)
1 TL **Kardamom,** Samen aus den Kapseln herausgelöst
180 ml **natives Olivenöl**
2 EL **Limettensaft**
½ TL **Cayennepfeffer**
Salz

8 PESTO MIT ESTRAGON UND HASELNÜSSEN

Estragon würde ich als Kraut mit süß-pikantem Geschmack bezeichnen, zwischen Basilikum und Minze. Dieses süßlich schmeckende Pesto macht in der Verbindung von Estragon mit Haselnüssen dem traditionellen Konkurrenz.

60 g **Haselnüsse**
100 g **Estragonblättchen**
30 g **Parmesan**
2 **Knoblauchzehen,** geschält
3 TL **Zitronensaft**
120 ml **natives Olivenöl**
Salz

8

23

9 PESTO MIT ROSMARIN & GETROCKNETEN TOMATEN

Das Aroma von Rosmarin mit den getrockneten Tomaten erinnert an den letzten Sommerurlaub in Italien. Den echten Frische-Kick bekommt das Pesto durch den Zitronensaft.

60 g **Macadamianüsse**
3 EL **Rosmarinnadeln,** gehackt
2 **Schalotten,** gewürfelt
225 g **getrocknete Tomaten** in Öl, abgetropft
50 g **Basilikumblättchen**
120 ml **natives Olivenöl**
120 ml **Öl** von den getrockneten Tomaten
2 TL **Zitronensaft**
Salz

10 PESTO MIT DILL UND ORANGE

Dill ist ein wahrhaft erfrischendes Kraut! Marinieren Sie Meeresfrüchte in diesem Pesto, einen besseren Begleiter werden Sie nicht finden. Es passt ebenso, begleitet von einem guten Glas Weißwein, zu einem Picknick: Mischen Sie es in Ihren Reissalat oder genießen Sie es beispielsweise mit Couscous.

60 g **Pistazien**
2 **Knoblauchzehen,** geschält
200 g **Dillkraut,** ohne Stängel
120 g **natives Olivenöl**
1 EL **Bio-Orangenzesten,** fein geschnitten
4 EL **Orangensaft**
Salz

11 PESTO MIT BASILIKUM, RUCOLA UND FENCHEL

Rucola hat einen leicht pikanten Geschmack, der mit Basilikum und Fenchel harmoniert. Mit frischem Fenchelgrün (von der Fenchelknolle), wird dieses Rezept zur wahren Gaumenfreude.

85 g **Pekannüsse,** geröstet
2 **Knoblauchzehen,** geschält
100 g **Rucola,** Stängel gekürzt
50 g **Basilikumblättchen**
3 EL **Orangensaft**
3 EL **Fenchelsamen,** geröstet und zerstoßen
120 ml **natives Olivenöl**
Salz und **Pfeffer**

11

12 PESTO MIT SALBEI UND SCHWARZEN OLIVEN

Einige der besten Oliven kommen aus Griechenland. Gerade bei schwarzen Oliven gibt es große Qualitätsunterschiede, manche sind sogar gefärbt und absolut unaromatisch. Verwenden Sie für dieses Pesto sorgfältig getrocknete, schwarze Oliven (siehe Abbildung). Wem diese zu salzig sind, kann auf die berühmten Kalamata-Oliven ausweichen.

60 g geschälte **Mandeln**
3 **Knoblauchzehen,** geschält
100 g schwarze, griechische **Oliven,** entsteint
100 g **Salbeiblättchen**
2 TL **Zitronensaft**
60 ml **natives Olivenöl**
Salz und **Cayennepfeffer,** nach Geschmack

13 PESTO MIT ALGEN, KAPERN UND SCHALOTTEN

Algen schmecken nach Meer, Dulse sogar ein wenig nach Haselnüssen. Sie sind reich an Proteinen und Mineralien, z. B. Calcium, Eisen, Phosphor und Jod u. v. m. sowie Vitaminen; aber Vorsicht, wenn Sie Probleme mit der Schilddrüse haben. Dieses Pesto wird wie Tapenade gegessen. Man vermischt es mit Nudeln oder verwendet es als Marinade für Fisch und Tofu.

10 g **getrocknete Hijiki-Algen** (Braunalge)*
10 g **getrockneter Meersalat** (Grünalge)*
10 g **getrocknete Dulse** (Rotalge)*
1 große **Schalotte,** gehackt
1 EL **Kapern**
50 g **glattblättrige Petersilie,** nur die Blättchen
1 EL **brauner Reisessig**
180 ml **natives Olivenöl**
1 EL **Zitronensaft**
1 TL **Agavendicksaft**

* Algen zum Quellen vor ihrer Verwendung mit heißem Wasser bedecken und 10–15 Minuten darin ziehen lassen. Anschließend die Algen in ein Sieb abgießen und gut ausdrücken. Algen sind auch frisch beim Fischhändler oder im Asia-Shop erhältlich

14 6-KRÄUTER-PESTO

Alle, die frische Kräuter lieben, werden hier ihr Glück finden. Und das Beste:
Dieses Pesto schmeckt zu fast jedem Gericht.

30 g **Walnüsse,** geröstet
50 g **glattblättrige Petersilie,** nur die Blättchen
50 g **Basilikumblättchen**
50 g **Estragonblättchen**
30 g **Comté,** gerieben (französischer Rohmilchkäse)
1 EL **Thymianblätter**
1 EL **Rosmarinnadeln**
1 EL **Salbeiblättchen**
2 EL **Zitronensaft**
80 ml **natives Olivenöl**
Salz

15 RADIESCHENPESTO MIT FRISCHEM GRÜN

Die frischen Blätter von Radieschen sind sehr schmackhaft, daher verwende ich sie mit. Das in ihnen enthaltene Senföl ist für ihren scharfen Geschmack verantwortlich und ausgesprochen gesund, denn es wirkt u.a. gegen Bakterien und Pilze. Für dieses Rezept können aber auch andere Wurzelgemüseblätter verwendet werden – jede Sorte hat ihren eigenen pikanten Geschmack. Probieren Sie unterschiedliche Blattsorten aus, um herauszufinden, was Ihnen gut schmeckt.

85 g **Cashewnüsse**
2 **Knoblauchzehen,** geschält
60 g **Radieschenblätter**
35 g **Minzeblätter**
120 ml **natives Olivenöl**
2 EL **Zitronensaft**
Agavendicksaft nach Geschmack
Salz

16 PESTO MIT MÖHRENGRÜN UND PEKANNÜSSEN

Dieses Rezept habe ich kreiert, nachdem ich in meinem Garten 1 kg Karotten mit schönstem Grün geerntet hatte. Ich versuche, so gut es geht, alles von einem Produkt zu verwerten. Und so konnte ich mich nicht dazu durchringen, das Karottengrün auf den Kompost zu werfen. Pur schmeckt es ein wenig bitter, jedoch mit Basilikum und Pekannüssen kombiniert, nimmt das Grün der Karotte einen leicht süßlichen Geschmack an.

60 g **Pekannüsse,** geröstet
30 g geschälte **Sesamsamen**
1 EL **frischer Ingwer,** geschält und gehackt
4 **Knoblauchzehen,** geschält
100 g **Karottengrün** (ohne Stängel)
½ TL **Kardamom,** gemahlen
100 g **Basilikumblättchen**
120 ml **natives Olivenöl**
2 TL **brauner Reisessig**
Agavendicksaft nach Geschmack

16

17 INDISCHES CURRY-PESTO

In Indien wird ein spezielles Basilikum namens Tulsi (auch heiliges Basilikum genannt) verwendet. Die Blättchen sind etwas fester als beim europäischen Basilikum und es schmeckt etwas schärfer. Als Ersatz kann auch Thai-Basilikum verwendet werden.

60 g **Cashewnüsse**
2 **Knoblauchzehen,** geschält
1 EL **frischer Ingwer,** geschält und gehackt
100 g **Basilikumblättchen**
1 EL **gelbe Currypaste**
1 TL **Kurkuma,** nach Geschmack
120 ml **ungesüßte Kokosmilch**
1 EL **Limettensaft**

18 MEXIKANISCHES PESTO MIT CHIPOTLE

Chipotles sind aus Mexiko stammende, mäßig scharfe rote Chilischoten, die getrocknet und geräuchert sind oder in Adobosauce angeboten werden. Zu finden sind sie in Feinkostläden oder bei Spezialversendern. Ich finde diese Mischung mit Chipotle himmlisch gut …

70 g **Kürbiskerne**
3 **Knoblauchzehen,** geschält
85 g **Koriandergrün** (ohne Stängel)
4 **Chipotle-Schoten** in Adobo (Konserve)
70 g **Manchego,** gerieben (spanischer Schafskäse)
30 g **rote Zwiebeln,** gehackt
60 ml **natives Olivenöl**
1 EL **Limettensaft**
½ TL **gemahlener Zimt**
Salz und **Pfeffer**

Getrocknete Chipotle-Chilischoten: Bekommen Sie keine Chipotle-Schoten in Adobo, können Sie getrocknete in 240 ml heißem Wasser 20 Minuten quellen lassen. Anschließend ausdrücken.

19 THAI-PESTO MIT ZITRONENGRAS

Thai-Basilikum hat festere Blätter und schmeckt etwas würziger als herkömmliches Basilikum. Man bekommt es in asiatischen Supermärkten.

60 g **Erdnüsse,** ungesalzen
1 **Thai-Chilischote**
50 g **Thai-Basilikumblätter**
25 g **Minzeblättchen**
25 g **Koriandergrün** (ohne Stängel)
2 EL **frischer Ingwer,** geschält und gehackt
2 EL **Zitronengras,** gehackt (nur das zarte Weiße)
120 ml **natives Olivenöl**
1 EL **Erdnussöl**
1 EL **Limettensaft**
Salz

19

20 ZITRONENPESTO MIT JALAPEÑO

Jalapeños sind der mexikanische Chili-Klassiker. Die frischen grünen Chilischoten (es gibt auch gelbe und rote) schmecken frisch pikant, mäßig scharf und sind in gut sortierten Lebensmittelgeschäften erhältlich. Dieses frische Pesto schmeckt im Sommer besonders köstlich.

60 g **Mandeln,** abgezogen
2 **Knoblauchzehen,** geschält
30 g **Manchego** (spanischer Schafskäse)
Saft von 1 **Zitrone**
Saft von 1 **Limette**
4–5 **frische Jalapeño-Schoten** (Haut und Kerne entfernen)
200 g **Koriandergrün**
½ TL **Kreuzkümmelsamen,** geröstet und im Mörser zerquetscht
½ TL **Kreuzkümmel,** gemahlen
180 ml **natives Olivenöl**
Salz

21 KERNIGES PESTO MIT DILL

Diese Pesto-Kreation habe ich mir ausgedacht, um Nüsse, Kerne und Samen aufzuwerten. Sie sind reich an Omega-3-Fettsäuren, Mineralien und Spurenelementen.

2 EL **Fenchelsamen,** geröstet und gemahlen
2 EL **Leinsamen,** gemahlen
2 EL geschälte **Sesamsamen**
2 EL **Kürbiskerne**
2 EL **Sonnenblumenkerne**
30 g **Pekannüsse**
1 **Knoblauchzehe,** geschält
150 g **Dillkraut** (ohne Stängel)
240 ml **natives Olivenöl**
2 EL **Sesamöl**
1 EL **Zitronensaft**
1 EL **Limettensaft**

Zuerst die Fenchel- und Leinsamen im Mörser von Hand fein quetschen. Dann Sesam, Kürbis- und Sonnenblumenkerne zermahlen, die anderen Zutaten hinzufügen und alles pürieren. In Verbindung mit Flüssigkeit wird Leinsamen gelatineartig. Dieses Pesto sollte daher sofort nach der Zubereitung gegessen werden.

21

22 PESTO MIT RUCOLA UND BLAUSCHIMMELKÄSE

Dieses Pesto schmeckt je nach Minzsorte schärfer oder milder, frischer oder pfeffriger. Experimentieren Sie!

60 g **Walnüsse,** geröstet
1 **Schalotte,** gehackt
100 g **Rucolablätter**
50 g **Minzeblättchen**
120 ml **natives Olivenöl**
1 EL **Zitronensaft**
Zeste von 1 **Bio-Zitrone,** in sehr feine Streifen geschnitten
1½ EL **Blauschimmelkäse**
Salz und **Pfeffer**

23 INGWER-KAKAO-PESTO

Dieses Pesto verleiht Ihrer Mahlzeit ein lateinamerikanisch-asiatisches Flair. Es verbindet nicht nur verschiedene Aromen, sondern steckt auch voller gesundheitsfördernder Stoffe: In rohem Kakao sind Antioxidanzien und das in ihm enthaltene Tryptophan setzt Glückshormone frei. Ingwer fördert die Verdauung und Kürbiskerne sind besonders reich an Spurenelementen, Proteinen und Fetten.

60 g **Kürbiskerne**
3 EL **Kakaobohnensplitter***
3 EL **Sesamsamen**
3 **Knoblauchzehen,** geschält
3 EL **frischer Ingwer,** gehackt
75 g **Basilikumblättchen**
180 ml **natives Olivenöl**
1 EL **Sesamöl**
60 g **Manchego,** gerieben (spanischer Schafskäse)
2 EL **Limettensaft**
1 EL **Zitronensaft**

* Kakaobohnensplitter sind bei Spezialversendern und in ausgesuchten Schokoladengeschäften erhältlich. Als Ersatz eignet sich auch fein geraspelte Bitterkuvertüre.

23

24 PESTO MIT ZITRONE, GRÜNKOHL UND WALNÜSSEN

Wer sich geschmacklich noch nicht so recht an Grünkohl getraut hat, sollte seine Scheu überwinden. Grünkohl gehört zu den gesündesten Lebensmitteln, er ist reich an Antioxidanzien, Mineralstoffen, Vitamin A und C und wertvollem Protein. Ganz wichtig: Über Grünkohl muss der Frost gehen, damit er seinen würzigen, leicht süßlichen Geschmack bekommt. Nur so ist er besser verdaulich.

60 g **Walnüsse,** geröstet
2 **Knoblauchzehen,** geschält
100 g **Grünkohl** ohne Stiele, sehr fein gehackt
120 ml **natives Olivenöl**
2 EL **Walnussöl**
3 EL **Zitronensaft**
Salz

25 PESTO À LA FRANÇAISE

Dieses Pesto beruht auf dem traditionellen französischen Pistou, wird aber durch Zugabe von Kräutern der Provence verfeinert. Sind Sie in Probierlaune? Dann nehmen Sie statt der getrockneten frische Kräuter wie Thymian, Lavendel, Bohnenkraut, Fenchel und Basilikum – für einen noch intensiveren Geschmack. Wenn Sie getrocknete Kräuter verwenden, lassen Sie das Pesto über Nacht durchziehen, damit die Kräuter ihr volles Aroma entfalten können.

60 g **Pistazien**
50 g **Petersilienblättchen**
50 g **Rucolablätter**
3 **Knoblauchzehen,** geschält
30 g **Comté,** gerieben (französischer Rohmilchkäse)
180 ml **natives Olivenöl**
1 EL **Zitronensaft**
2 EL getrocknete **Kräuter der Provence**
Salz

25

26 PESTO MIT ROSMARIN, ZIMT UND ZUCKER

Zucker verwende ich mittlerweile selten. Als Kind machte mir meine Mutter Brot mit Butter, Zimt und Zucker. Ich war verrückt danach und dieses Rezept ist dem Kindheitsgenuss nachempfunden. Rosmarin nehme ich wegen seines wunderbaren Aromas und der Wirkung seiner Inhaltsstoffe hinzu (er stimuliert das Immunsystem, hält den Kreislauf in Schwung und fördert die Verdauung). Rohrohrzucker ist gesünder als raffinierter Weißzucker und schmeckt aromatischer.

30 g **Pinienkerne**
3 EL **Rosmarinnadeln,** gehackt
30 g **Rohrohrzucker** oder **Rapadura***
75 ml **natives Kokosöl**
1 TL **gemahlener Zimt**
1 Prise **Salz**

*Als Rapadura wird Vollrohrzucker bezeichnet, der aus dem gekochten Zuckerrohrsaft gewonnen und nicht weiter gereinigt oder raffiniert wird.

26

27 PESTO MIT KOKOSNUSS UND PEKANNÜSSEN

Eine reife Kokosnuss sollte immer noch etwas Kokoswasser enthalten – falls nicht, ist das Kern- oder Fruchtfleisch fest und schmeckt nach Seife. Kokosfleisch enthält viel Fett und relativ viel Kalium sowie Phosphor.

10 g **Pekannüsse**
100 g **Kokosnuss-Fruchtfleisch**
2 EL **natives Kokosöl**
2 EL **Walnussöl / Baumnussöl**
2 **Vanillestangen***
1 EL **Sojamilch**
¼ TL **gemahlener Zimt**
2 TL **Agavendicksaft**
1 Prise **Salz**

*Die Vanillestangen, der Länge nach aufschneiden und das Mark mit einem Messer ausschaben.

27

28 PESTO MIT KORIANDER UND INGWER

Koriander ist ein sehr altes Gewürz. Das Koriandergrün wird vor allem in der indischen Küche häufig verwendet. Es hat eine sehr prägnanten Geschmack, der in folgendem Rezept mit den Kürbiskernen und dem Ingwer wunderbar abgerundet wird und durch den Zitronensaft zusätzliche Frische gewinnt.

30 g **Kürbiskerne**
3 EL **frischer Ingwer,** gehackt
100 g **Koriandergrün** (ohne Stängel)
4 TL **Zitronensaft**
2–3 TL **Agavendicksaft**
1 Prise **Cayennepfeffer**
1 Prise **Salz**

29 ESTRAGON-SCHOKOLADEN-PESTO

Dieses Pesto ist ein optimaler Ersatz für Nuss-Nougat-Creme. Der Kakao steckt voller Antioxidanzien. Estragon wirkt aufgrund seiner ätherischen Öle appetitanregend und verdauungsfördernd. Ein guter Start in den Tag!

60 g **Cashewnüsse**
2 EL **Kakaobohnensplitter***
100 g **Estragonblättchen**
1 EL **Kakaopulver**
2 **Vanillestangen*****
60 ml **natives Kokosöl**
1 EL **Traubenkernöl**
4 TL **Agavendicksaft**
1 Prise **Salz**

* Siehe Hinweis auf Seite 52.
**Die Vanillestangen der Länge nach aufschneiden und das Mark mit einem Messer ausschaben.

 **30** SCHOKOLADENPESTO MIT CAYENNEPFEFFER

Schon die Azteken liebten Schokolade mit Chili – lassen Sie sich deshalb nicht vom Cayennepfeffer abschrecken: vermischt mit Schokolade ergibt sich eine magische Kombination. Das Beste kommt also wie immer zum Schluss…

60 g **Pinienkerne**
60 g **Cashewnüsse**
30 g **Kakaobohnensplitter***
1 EL **Kakaopulver**
¼ TL **Cayennepfeffer**
60 ml **natives Kokosöl**
1 TL **Traubenkernöl**
4 TL **Agavendicksaft**
Sojamilch
1 Prise **Salz**

* *Siehe Hinweis auf Seite 52.*

PESTO & CO
Verführerische Schlemmer-Ideen für 4 Personen

PESTO
6

LASAGNE

PESTO
20

SOMMERSALAT

PESTO
4

CELLOPHAN-NUDELN MIT BROKKOLI

225 g Lasagneblätter kochen.
150 g Pesto Nr. 6 und **100 g** Rucola
vorbereiten. **1** Lasagneblatt in eine
Schale legen, mit **2–3 TL** Pesto und
Rucola belegen, salzen und pfef-
fern. Den Vorgang wiederholen, bis
alle Zutaten verbraucht sind. Heiß
oder warm servieren.

Das Fruchtfleisch von **2** Avocados
und ca. **150 g** Wassermelone,
2 gehäutete Tomaten und **2** ent-
kernte Birnen in Würfel schnei-
den. Alles mit **150 ml** Pesto Nr. 20
mischen. Gut gekühlt servieren.

225 g Cellophan-Nudeln (sehr
dünne Glasnudeln) bissfest kochen,
in ein Sieb abgießen und abschre-
cken. Die Nudeln mit **60 ml** Pesto
Nr. 4 und **110 g** knapp gegarten
Brokkoliröschen mischen, mit
Olivenöl übergießen und mit in
Ringe geschnittener Chilischote /
Peperoncino bestreuen.

PESTO
2

TAGLIATELLE MIT ZWIEBELN

225 g rote Tagliatelle bissfest kochen, in ein Sieb abgießen und abschrecken. Die Nudeln mit **60 ml** Pesto Nr. 2 und halbierten, gerösteten Frühlingszwiebeln mischen, mit etwas Olivenöl übergießen. Heiß oder warm servieren.

PESTO
1

SOBANUDELN MIT GERÖSTETER AUBERGINE

1 Aubergine der Länge nach in Streifen von 6–8 cm schneiden. Auf ein Backblech legen, mit reichlich Olivenöl begießen und im Backofen 25–30 Min. backen. **225 g** Sobanudeln (japanische Buchweizennudeln) kochen. Auberginenfleisch mit einem Löffel aus der Schale lösen, Mit **60 ml** Pesto Nr. 1 und den Nudeln mischen. Olivenöl darüber träufeln, mit gehackten Frühlingszwiebeln und Petersilienblättern bestreut sofort servieren.

PESTO
3

FETTUCCINE MIT PAPRIKA

225 g Nudeln* bissfest kochen, in ein Sieb abgießen und abschrecken. Die Nudeln mit Olivenöl und Salz vermischen, mit gebratenen gelben Paprikawürfeln bestreuen und mit **225 ml** Pesto Nr. 3 anrichten.

* Evtl. mit Sepia gefärbte schwarze Nudeln verwenden.

PESTO & CO
Verführerische Schlemmer-Ideen für 4 Personen

PESTO
11

LACHS „EN PAPILLOTE" MIT FENCHEL

4 Lachsstücke über Nacht in **60 ml** Pesto Nr. 11 marinieren. Am nächsten Tag den Ofen auf 230 °C vorheizen. In einer Pfanne **300 g** dünn gehobelten Fenchel, **100 g** gehackte Frühlingszwiebeln und **2 EL** Limetten- und Orangenzesten anbraten. Die Lachsstücke jeweils mit der Fenchelmischung in Pergamentpapier gewickelt 6–12 Minuten (je nach Dicke des Fisches) im Ofen garen.

PESTO
8

PIZZA & PESTO MIT ESTRAGON

Den Ofen auf 260 °C vorheizen. Auf einem Pizzateig eine dicke Schicht Pesto Nr. 8 (**60-100 ml**) bis zum Rand verteilen. Pizza nach Geschmack belegen (z. B. mit frischen oder getrockneten Tomaten, geröstetem Knoblauch und Ziegenkäse). 15–20 Minuten backen, bis die Pizza schön knusprig ist.

PESTO
10

SPIESSCHEN MIT JAKOBSMUSCHELN

20-24 Jakobsmuscheln rundum salzen und pfeffern. In einer Pfanne in ca. 90 Sekunden auf beiden Seiten anbraten. Sie müssen auf beiden Seiten goldbraun und knusprig, in der Mitte aber noch durchsichtig sein. Die gegarten Jakobsmuscheln auf Küchenpapier abtropfen lassen. Die Muscheln mit Pesto Nr. 10 bestreichen, auf Spießchen stecken und servieren.

PESTO
9

TOMATEN-TARTE-TATIN

Den Ofen auf 175°C vorheizen.
500 g gelbe und rote Kirschtoma-
ten halbieren, mit Olivenöl und
Salz vermischen. Eine Keramik-
Quicheform leicht ölen und eine
dicke Schicht mit Pesto Nr. 9
(**60–100 ml**) auf dem Boden ver-
streichen. Tomaten mit der Schnitt-
fläche nach oben in die Form legen
und mit Mürbeteig bedecken.
30 Minuten backen, bis der Teig
gebräunt ist. Tarte etwas abkühlen
lassen und stürzen.

PESTO
28

MELONENSALAT

Mit einem Kugelausstecher aus **1 kg**
Melonenfruchtfleisch Kugeln aus-
stechen. Melonenkugeln mit **120 ml**
Pesto Nr. 28 vermischen. Gut gekühlt
servieren.

PESTO
29

BAGEL MIT SCHOKOLADENPESTO

Pro Person: Einen Bagel aufbacken
und mit **1–2 EL** Pesto Nr. 29 bestrei-
chen. Heiß servieren.

ÜBER DEN AUTOR

Joshua Clever lebt und arbeitet in San Francisco, in seiner Freizeit pendelt der zertifizierte Biokoch gerne zwischen Europa und den USA. Neben Kochworkshops in San Francisco, Paris und der Toskana organisiert er auch kulinarische Reisen und Yoga Retreats. Sein Credo: Einfache Zutaten und frische Bioprodukte für eine gesunde Küche.

ABKÜRZUNGEN

ml – *Milliliter* · g – *Gramm* · kg – *Kilogramm* · EL – *Esslöffel* · TL – *Teelöffel*

HINWEIS

IMPRESSUM

Die Originalausgabe erschien in Frankreich unter dem Titel *Pesto! Simples & bons,* © Hachette Livre – Marabout, Paris 2009 · © der französischen Texte: Joshua Clever, 2009 · Alle Fotos: Marie-Pierre Morel

4 3 | 2016
© für die deutsche Ausgabe Hädecke Verlag GmbH & Co. KG, Weil der Stadt 2011
www.haedecke-verlag.de · www.mizzis-kuechenblock.de · www.facebook.com/haedecke.verlag

Übersetzung aus dem Französischen: Mag. Cornelia Langendorf · Redaktion der deutschen Ausgabe: Dr. Stephanie Kloster, Hamburg · Gestaltung der deutschen Ausgabe: Julia Graff / Hädecke Verlag

ISBN 978-3-7750-0593-7

Printed in China 2016